Eliane Oliveira

# A Estrelinha que Brilha

2024

# Olá Amiguinhos!

A Estrelinha que Brilha
Uma história emocionante, ensina o valor de não deixar ninguém apagar seu brilho.

Em um noite linda e tão bela, no céu a brilhar.

Havia uma linda estrelinha, pequenina a dançar.

No céu ela olhava lá embaixo, e tudo procurava ver.

Sonhava em um dia, a Terra iluminar e crescer.

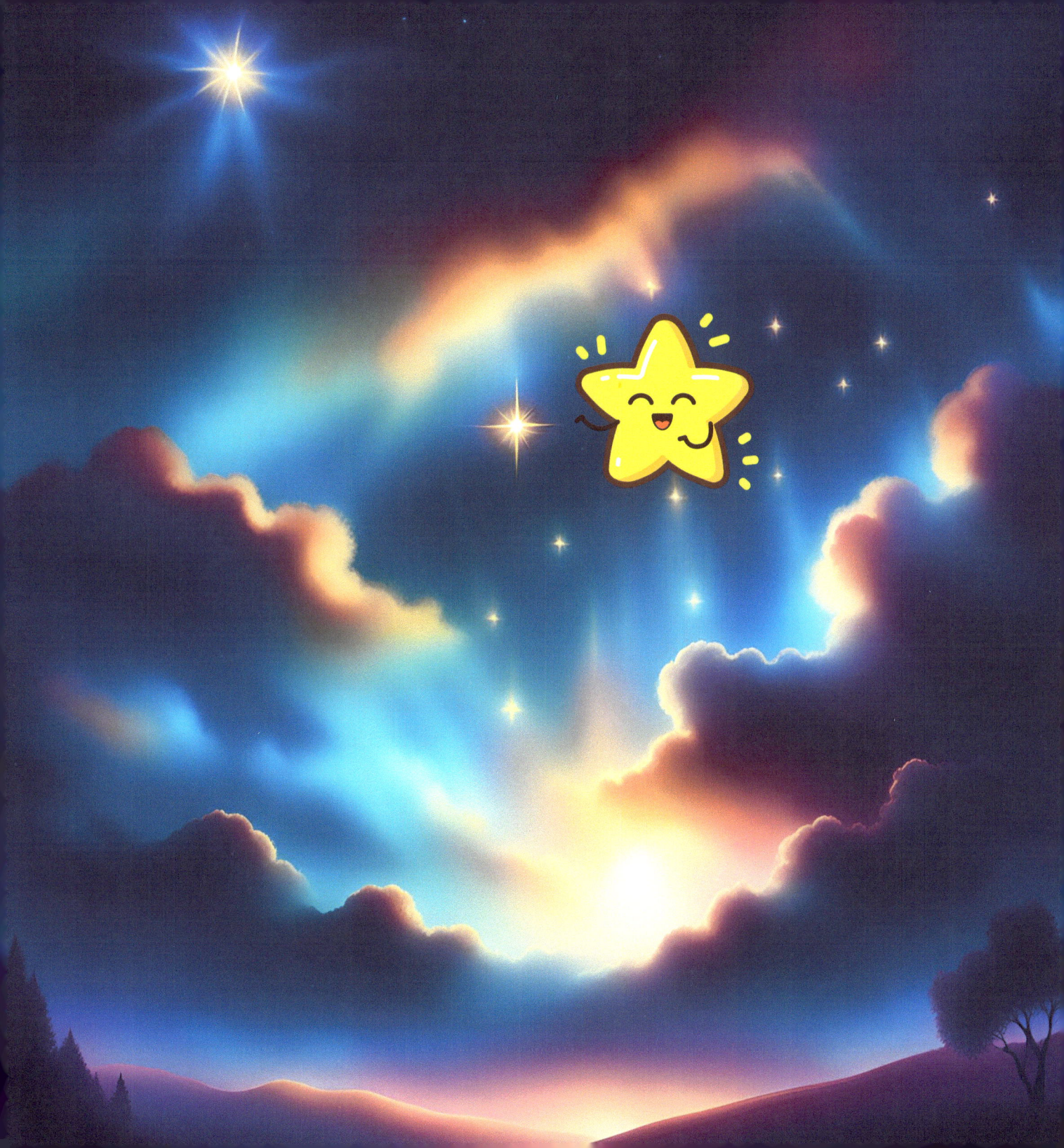

"Sou tão pequena," a estrelinha pensou.

"Será que um dia, alguém me verá?"

As estrelas grandes brilhavam sem parar.

Mas a estrelinha sonhava:

"Um dia a terra irei brilhar!"

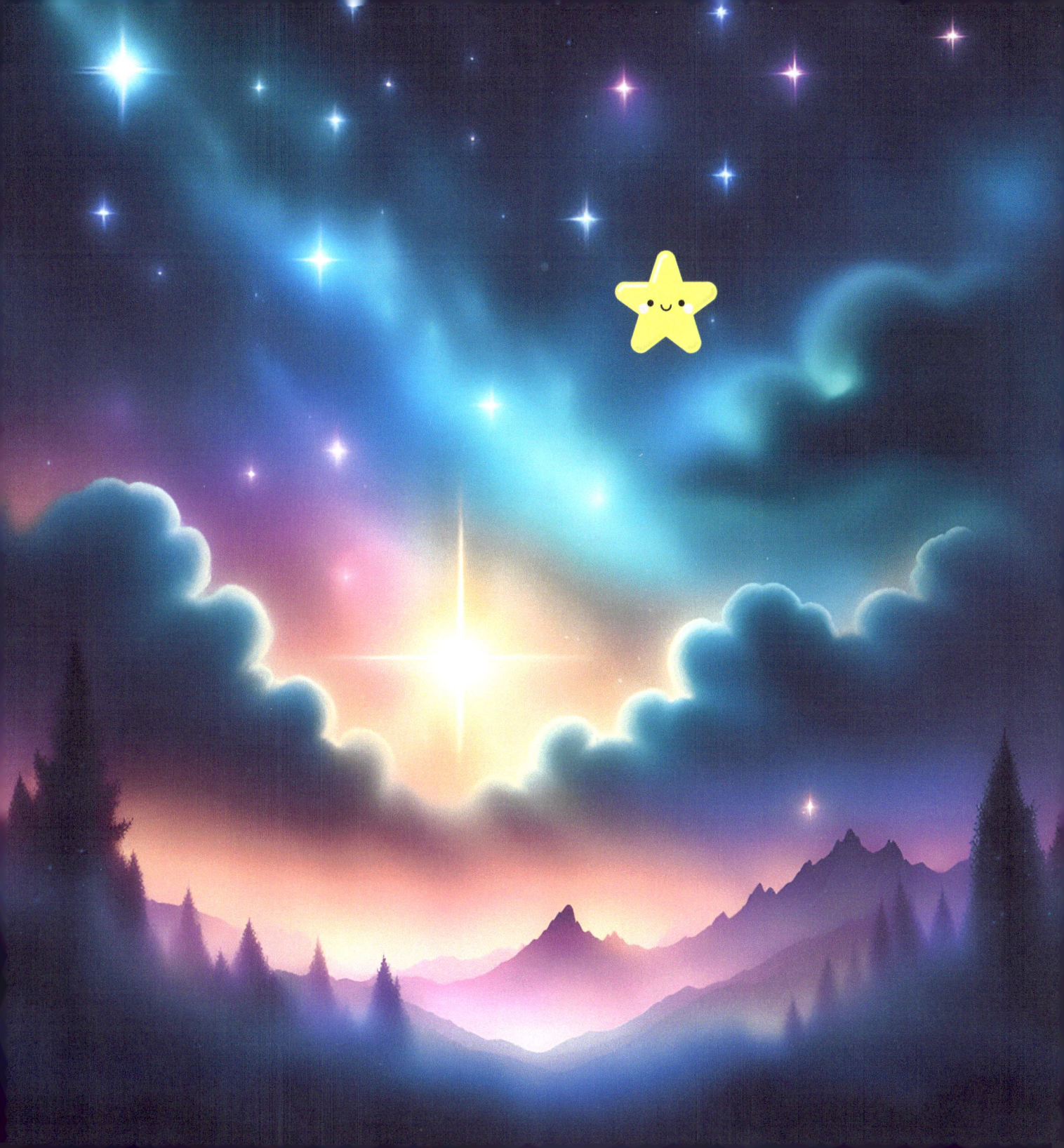

Lá no céu, tocava uma linda canção.

E algo especial mexeu seu coração.

Anjos anunciavam uma grande novidade,

Jesus, o Salvador, nasceu na cidade!

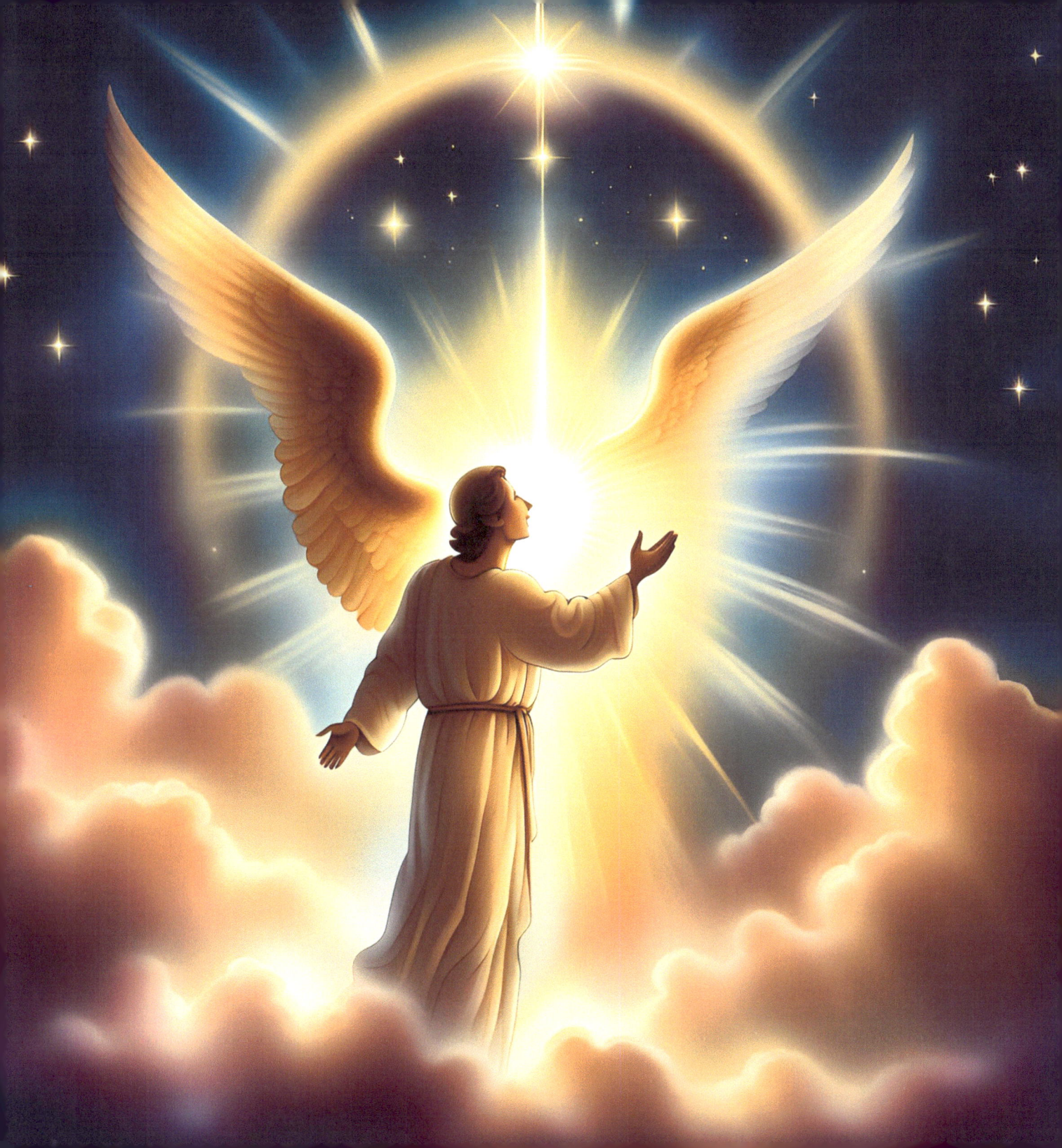

A estrelinha, então, ouviu uma voz a chamar:
"Você é especial, está pronta para brilhar!
Há um bebê lá em Belém, que chegou para salvar.
Mostre o caminho para que possam o adorar."

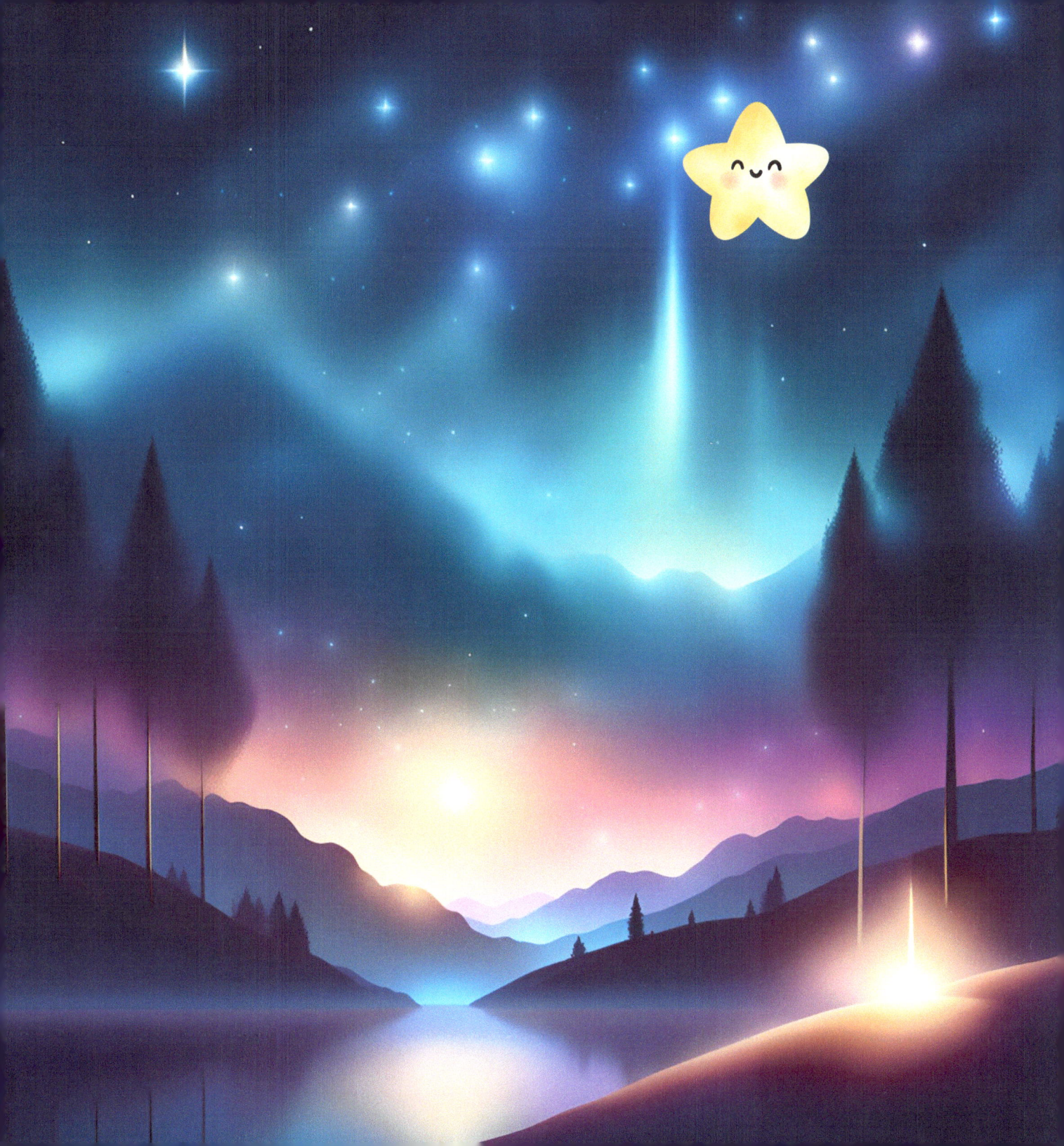

A estrelinha, com alegria, começou a brilhar.

Mais forte que nunca, para a Terra iluminar.

Pastores e reis de longe a seguiram.

Todos em direção ao menino que vinha.

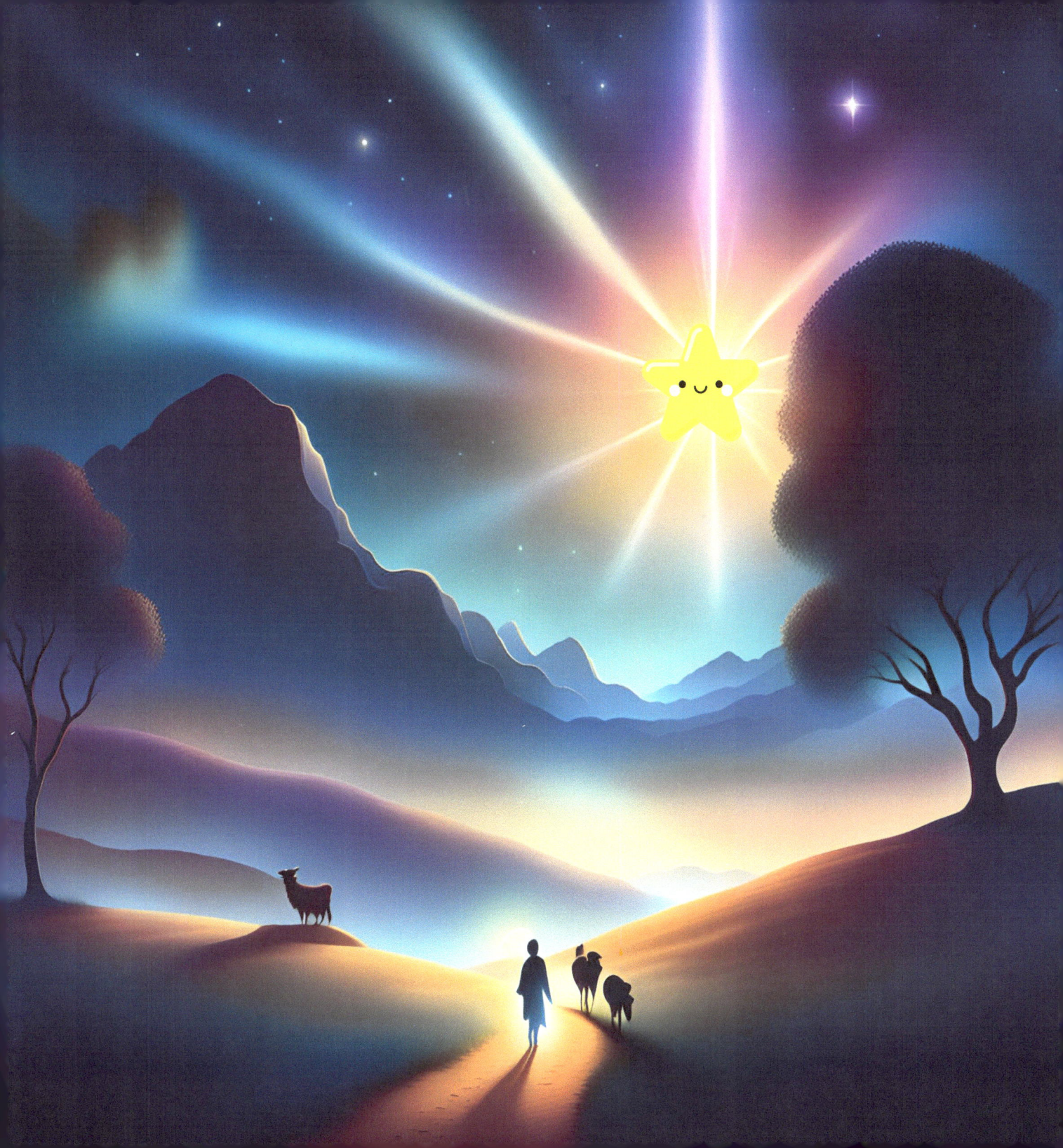

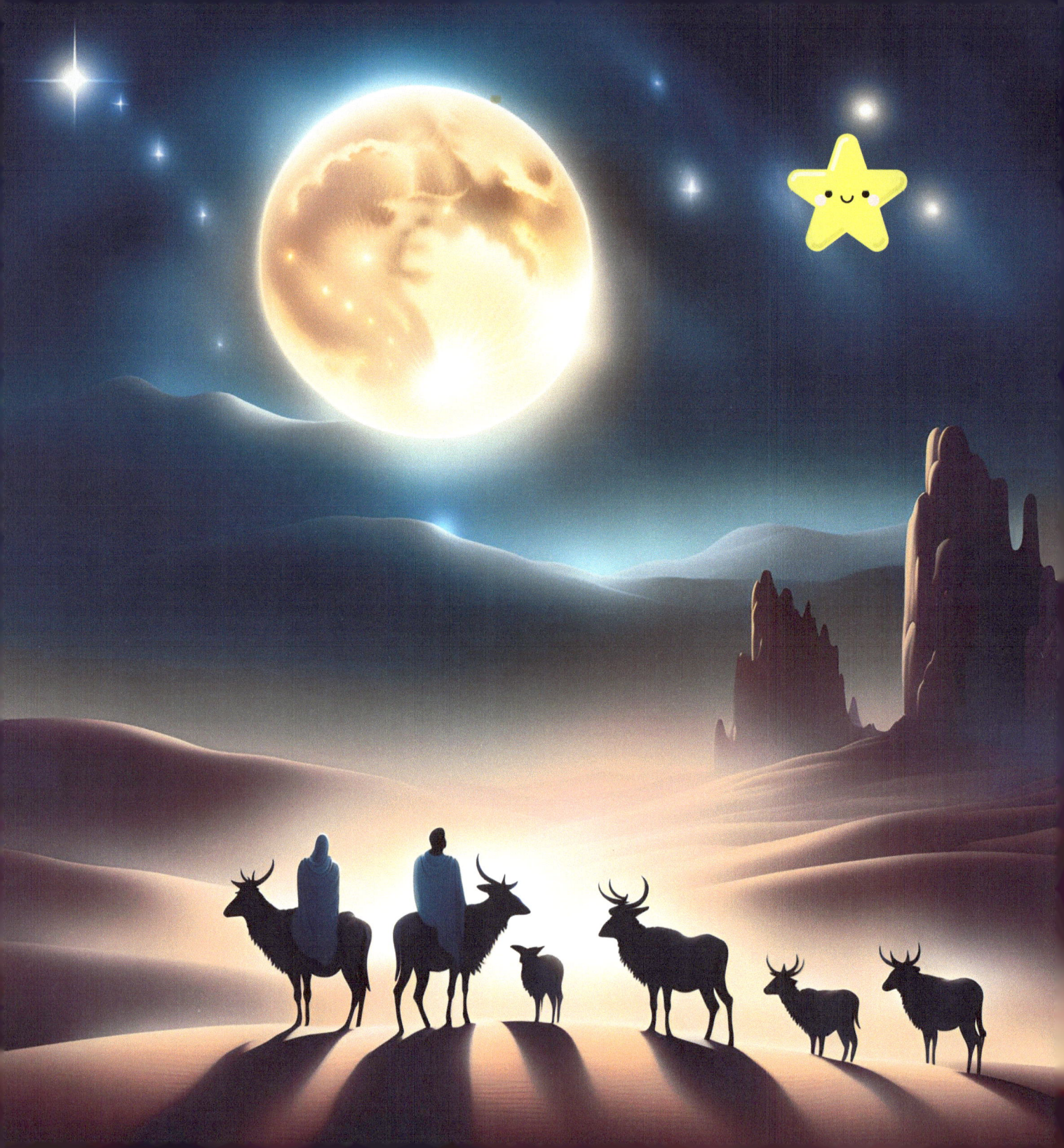

Ela guiou os sábios, guiou os pastores.

Até onde Jesus estava, cercado de amores.

E lá no estábulo, humilde e singelo.

A estrelinha sorriu, seu brilho era belo.

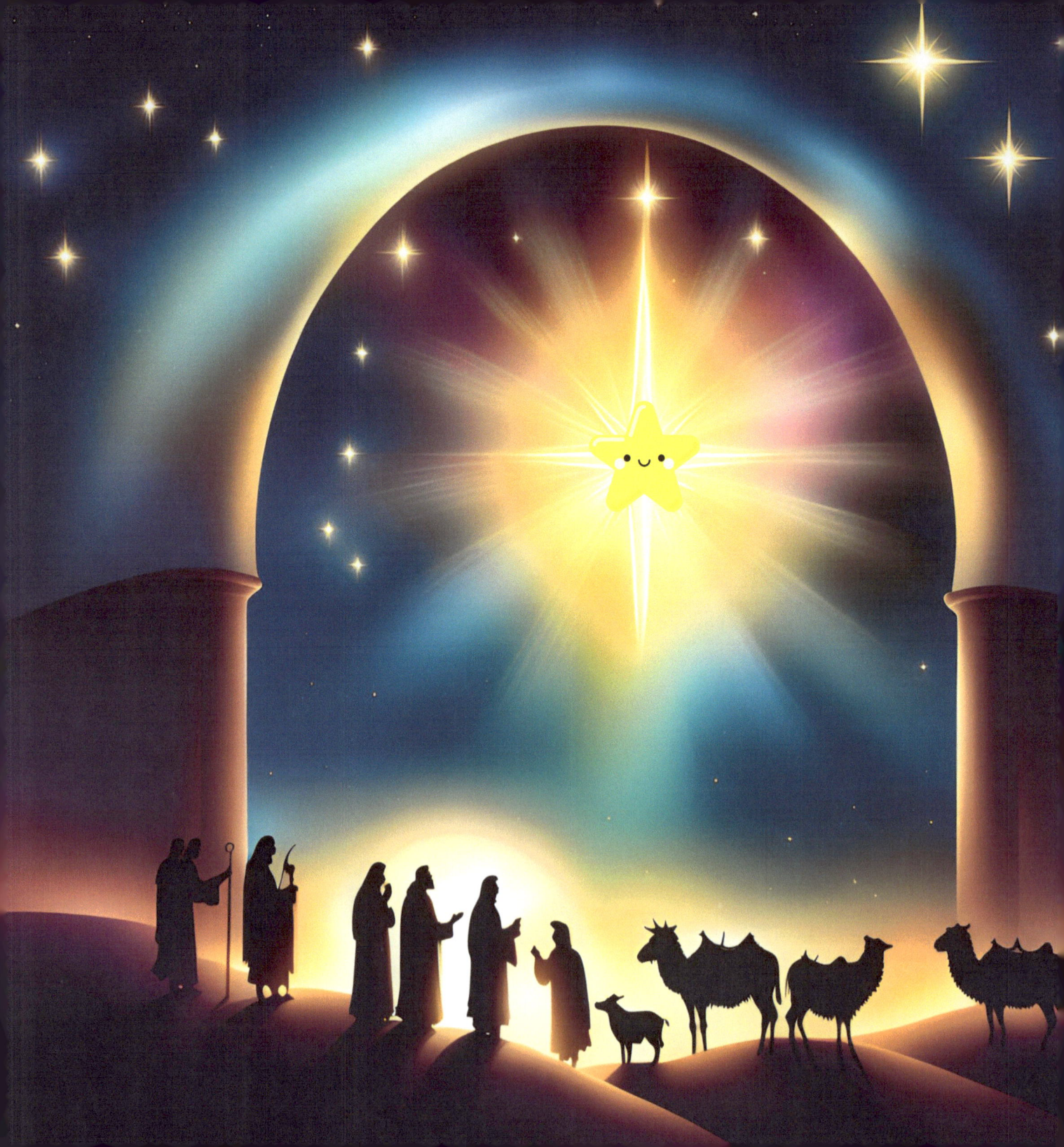

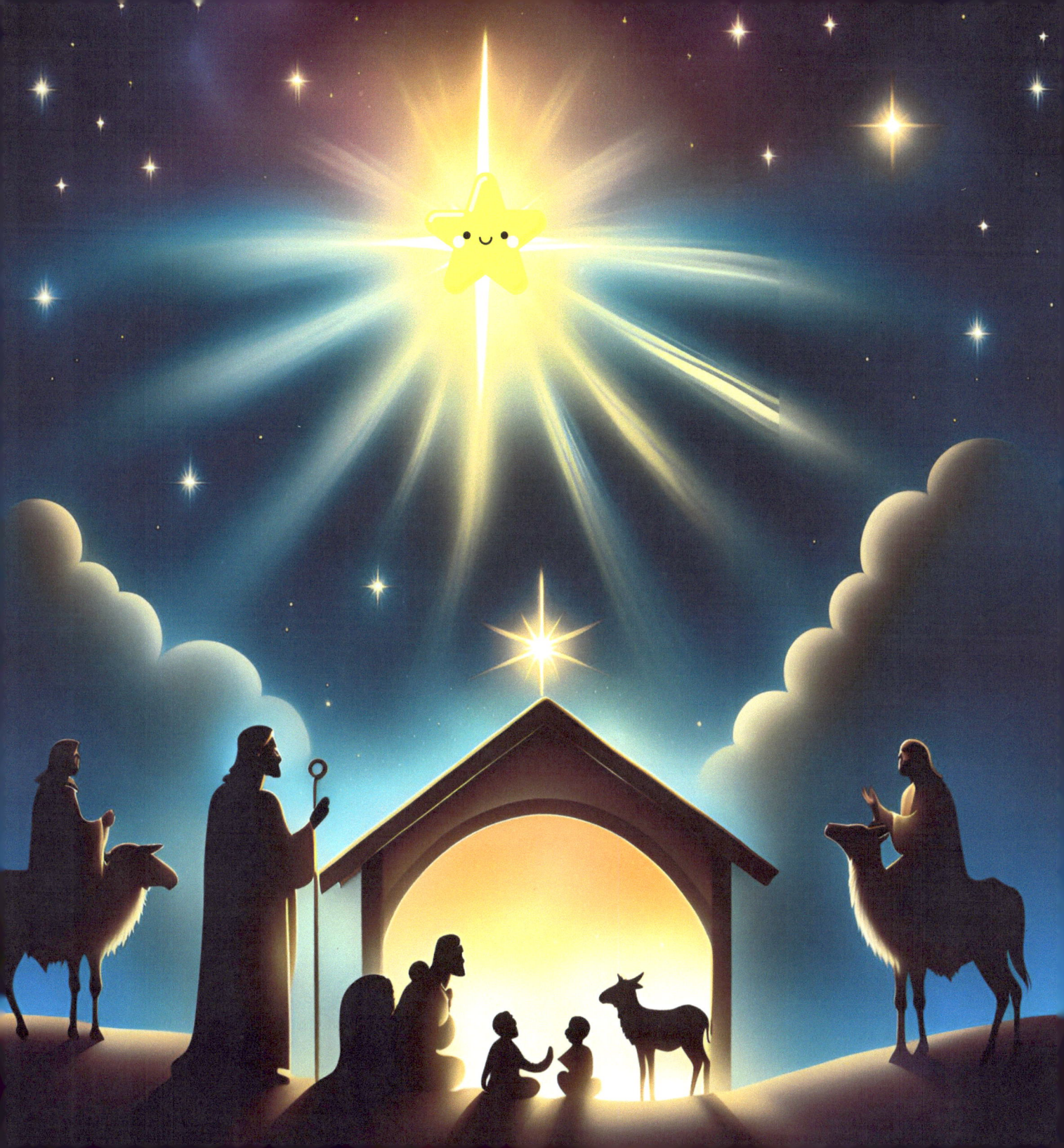

"Sou pequena, mas agora sei," ela falou.

"Que Deus me usou, e Sua luz em mim brilhou!"

Ela entendeu que o importante não é ser grande ou forte.

Mas deixar Deus guiar o nosso passo.

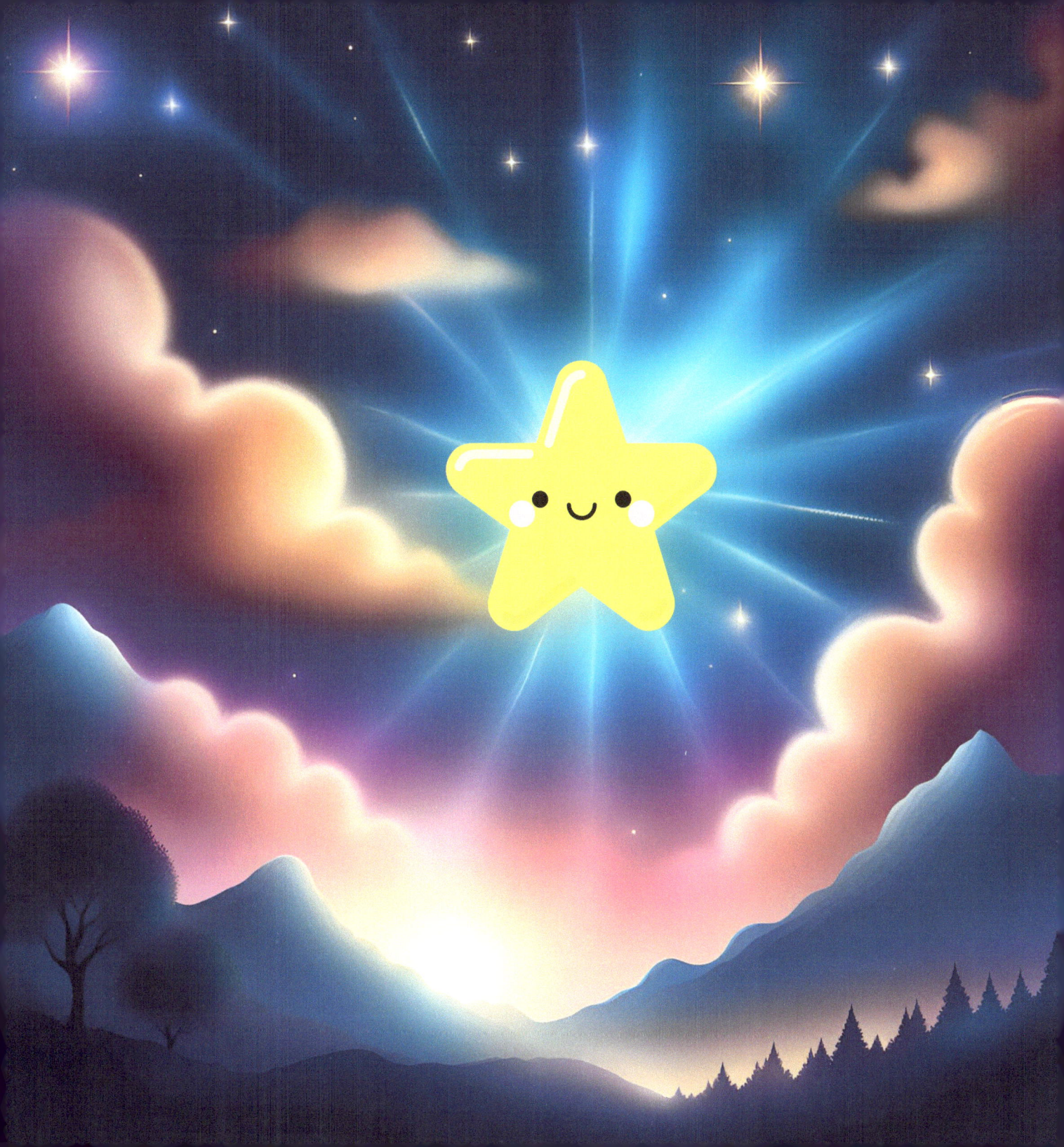

E assim, naquela noite, em Belém, tão distante.
Uma estrelinha brilhou mais que qualquer diamante.
Pois quando obedecemos e deixamos Deus nos guiar.
Nos tornamos luzes, prontas para brilhar e ajudar!
Nunca deixe ninguém apagar seu brilho.
Brilhe sempre.

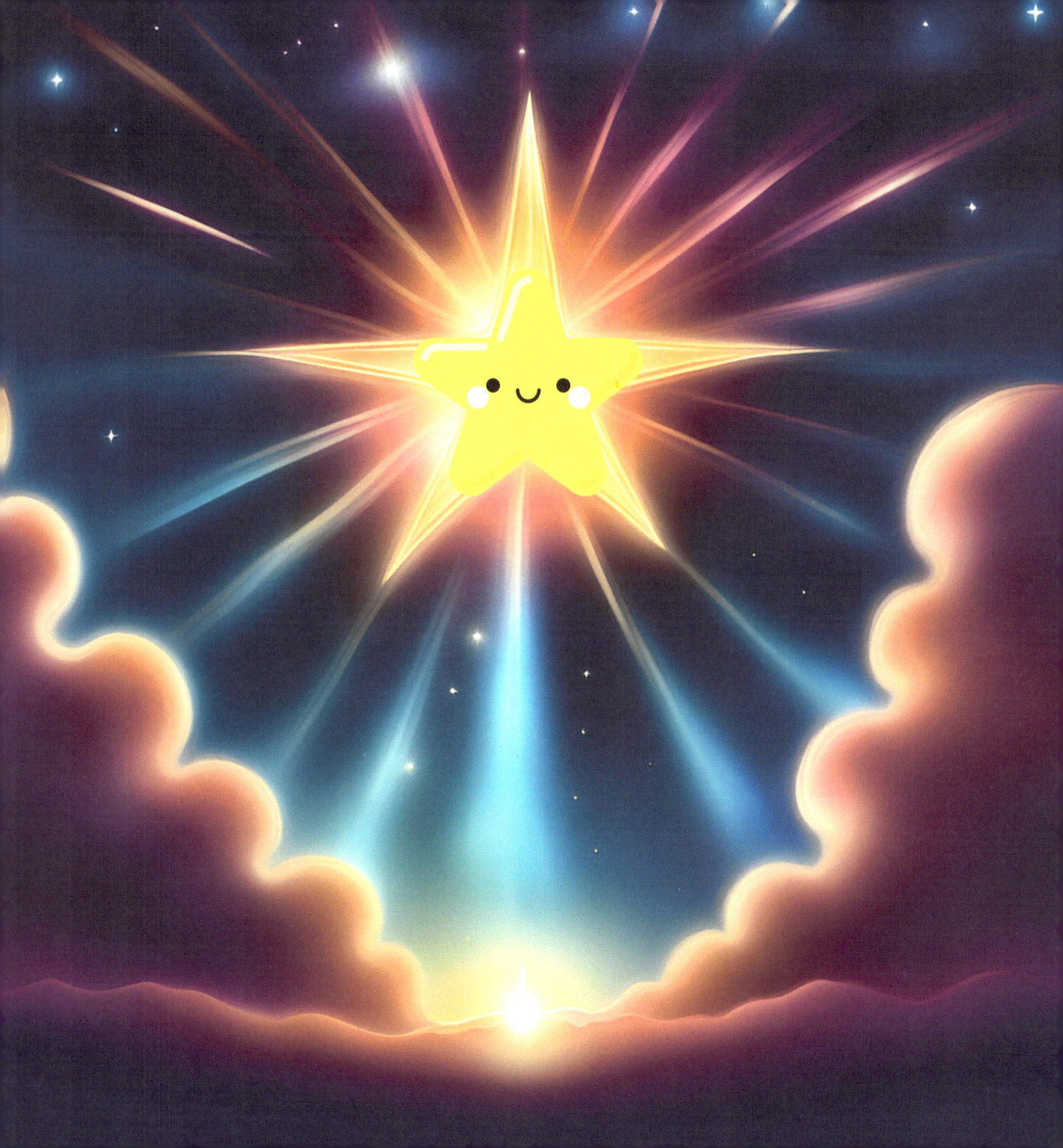

Assim como a estrelinha, todos temos um papel.
E quando seguimos a Deus, nossa luz brilha no céu!

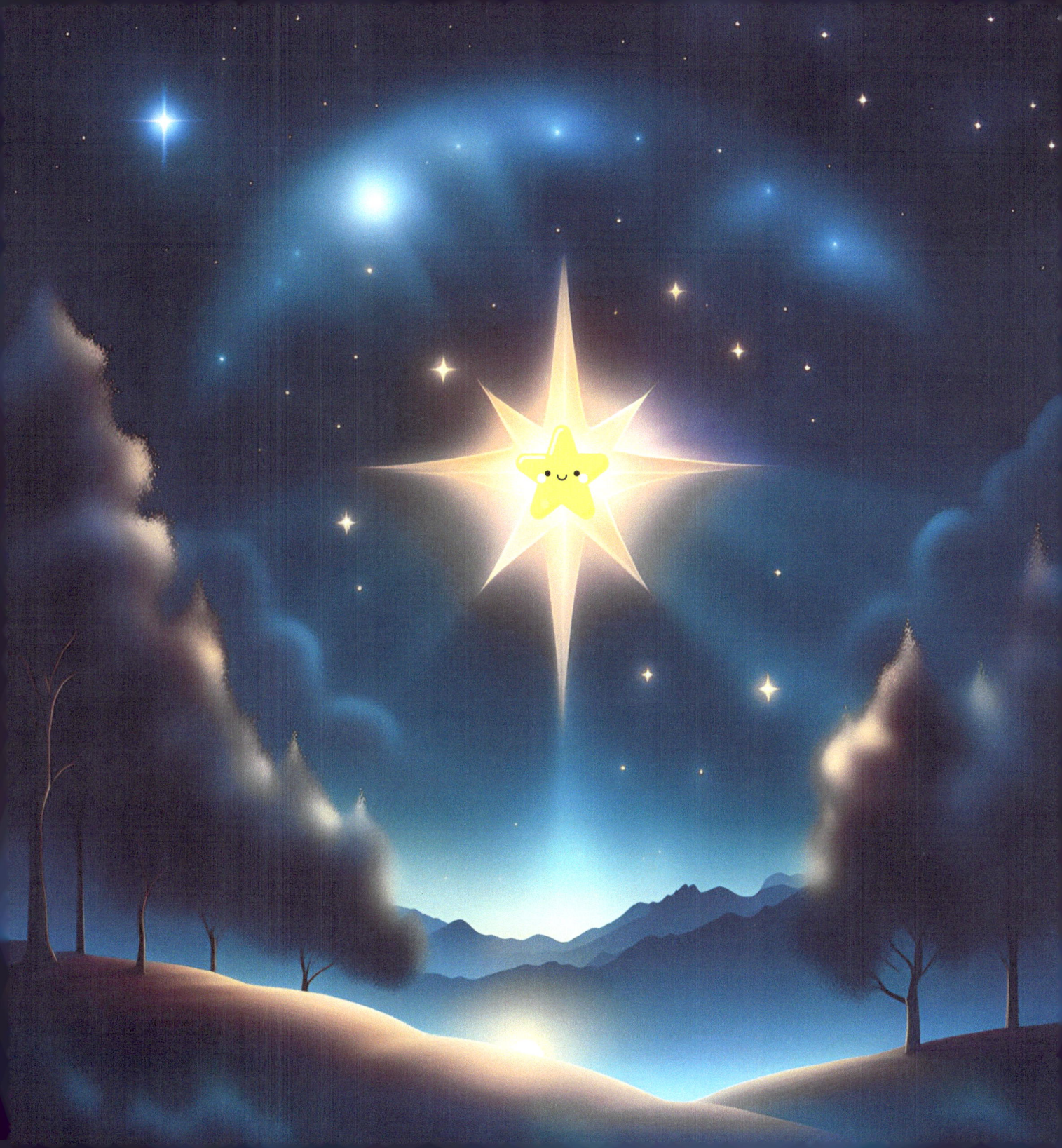

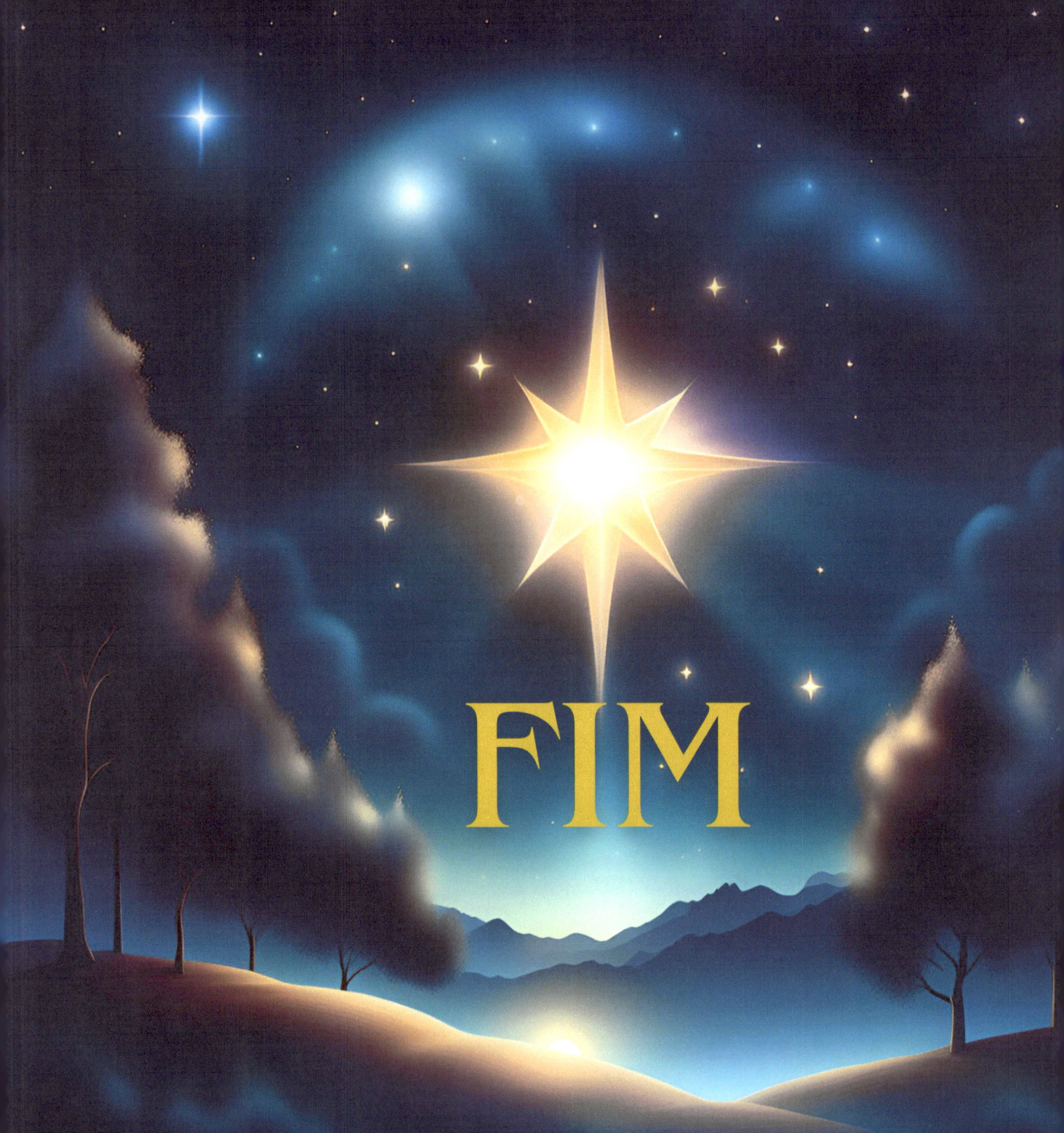

www.ingramcontent.com/pod-product-compliance
Lightning Source LLC
Chambersburg PA
CBHW051834210526
45473CB00005B/1872